Bibliografische Information der Deutschen Nationalbibliothek:

Die Deutsche Bibliothek verzeichnet diese Publikation in der Deutschen National-bibliografie; detaillierte bibliografische Daten sind im Internet über http://dnb.d-nb.de/ abrufbar.

Impressum:

Copyright © 2016 GRIN Verlag, Open Publishing GmbH
Druck und Bindung: Books on Demand GmbH, Norderstedt Germany
ISBN: 9783668221451

Dieses Buch bei GRIN:

http://www.grin.com/de/e-book/322079/benutzerverwaltung-und-rechtevergabe-in-mysql

Hans Burg

Benutzerverwaltung und Rechtevergabe in MySQL

GRIN Verlag

GRIN - Your knowledge has value

Der GRIN Verlag publiziert seit 1998 wissenschaftliche Arbeiten von Studenten, Hochschullehrern und anderen Akademikern als eBook und gedrucktes Buch. Die Verlagswebsite www.grin.com ist die ideale Plattform zur Veröffentlichung von Hausarbeiten, Abschlussarbeiten, wissenschaftlichen Aufsätzen, Dissertationen und Fachbüchern.

Besuchen Sie uns im Internet:

http://www.grin.com/

http://www.facebook.com/grincom

http://www.twitter.com/grin_com

Benutzerverwaltung und Rechtevergabe in MYSQL

Kleine Seminararbeit

Im Studienfach „Datenbankenmanagement"

an der
FOM, Düsseldorf
Studiengang „Wirtschaftsinformatik"

eingereicht von
Hans Burg

eingereicht am: 10.01.2016

Inhaltsverzeichnis

Tabellenverzeichnis

Abkürzungsverzeichnis

DBMS	Datenbankmanagementsystem
IBM	International Business Machine Cooperation
MySQL	relationales Datenbankmanagementsystem
Komplexes Passwort	Mind. 8 Zeichen, Groß- und Kleinbuchstaben und mind. 1 Sonderzeichen
SQL	Structured Query Language
XML	Extended Markup Language
MS-SQL	Microsoft SQL Server

1 Einleitung

1.1 Ausgangssituation und Problemstellung

Diese Seminararbeit beinhaltet die Benutzerverwaltung und Rechtevergabe in MySQL Version 5.1. Die wesentlichen Aspekte der Benutzerverwaltung sowie des Rechtesystems werden im Nachfolgenden erläutert und beschrieben. MySQL 5.1 wurde als Grundlage für die Ausführungen zum Thema Benutzerverwaltung und Rechtevergabe herangezogen. Probleme mit dem MySQL Sicherheitssystem sollen durch diese Seminararbeit ausgeräumt, bzw. verringert werden.

1.2 Ziel der Arbeit

Diese Seminararbeit vermittelt einen Überblick über die Benutzerverwaltung und Rechtevergabe von MySQL.

1.3 Aufbau und Methodik der Arbeit

Um die Benutzerverwaltung und Rechtevergabe in MySQL verständlich beantworten zu können, wurden Kapitel und Abschnitte dieser Arbeit klar strukturiert, um die gegebene Komplexität umfänglich zu erfassen und andererseits einzelne Aspekte nachvollziehbar zu beschreiben. Die Inhalte wurden sinnvoll gegliedert und die fokussierten Zusammenhänge anhand eines logischen Aufbaus der Kapitel ausgearbeitet.

2 Grundlagen

Eine computergestützte Sammlung von Informationen, welche sich einfach und schnell durchsuchen, sortieren und manipulieren lässt, das ist eine Datenbank. Die Software zur Verwaltung der Datenbanken nennt man Datenbankverwaltungssystem (DBMS). Die Datenbank besteht aus verschiedenen Tabellen, in denen die Informationen (Daten) abgespeichert werden. Zusätzlich zu den Informationen werden noch Funktionen in der Datenbank benutzt, um Datenkonsistenz zu erlangen und Datenverluste zu vermeiden.[1]

IBM (Edgar F. Codd) hatte als erste Firma einen Entwurf für eine verschachtelte Verzeichnisstruktur – da wurde die relationale Datenbank geboren (1970). Codd entwickelte die Abfragesprache SQL (Structured Query Language). Es wurden auf dieser Basis viele professionale Datenbanksysteme entwickelt, wie z.b. IBM DB2, Oracle, Informix, MySQL und MS-SQL.[2]

Gegenüber den relationalen Datenbanken wurden in den 80er Jahren auch verschiedene, nicht relationalen Datenbanken, entwickelt:

- Objektorientierte Datenbanken
- Objektrelationale Datenbanken
- XML-Datenbanken

Diese konnten sich aber gegen die Übermacht der etablierten relationalen Datenbanken nicht behaupten.[3]

[1] (Sascha Kersken, 2007, S. 1)
[2] (Sascha Kersken, 2007, S. 3)
[3] (Sascha Kersken, 2007, S. 3)

3   Rechtevergabe

3.1   Einführung

Alle Rechte in MySQL werden in der Datenbank mysql gespeichert. Folgende Arten von Rechten können vergeben werden:

- Globale Rechte
- Rechte auf Datenbanken
- Rechte auf Objekte (Tabellen, Indexe etc…)[4]

3.2   Rechtevergabe

MySQL ermöglicht die Rechtevergabe für verschiedene Kontexte und verschiedene Ebenen von Operationen.

- Administrative Rechte ermöglichen den MySQL-Server zu managen. Diese Rechte sind global, damit die Rechte für alle Datenbanken gleich sind, sonst kann der Administrator diese nicht verwalten.

- Datenbank Rechte gehören zur Datenbank und allen Objekten die sich darin befinden. Diese Rechte können für einzelne Datenbanken oder global gelten.

- Rechte für Datenbank Objekte (Tabellen, Indexe, Ansichten und gespeicherte Routinen) gelten für einzelne Objekte einer Datenbank, für alle Objekte eines speziellen Typs innerhalb einer Datenbank.[5]

Informationen über die Rechte werden in den folgenden Tabellen einer mysql Datenbank gespeichert und beim ersten Laden ausgelesen:

- USER
- DB
- HOST[6]

Die Berechtigungen werden beim Starten des MySQL Servers eingelesen, d.h. für spätere Änderungen, an den Rechten, muss entweder der MySQL Server neu gestartet werden oder mit FLUSH PRIVILEGES der Inhalt neu eingelesen werden.[7]

---

[4] vgl. (Noe, Marcel, 2012, S. 10)
[5] vgl. (o.V. Oracle, 2014, S. 305)
[6] vgl. (o.V. Oracle, 2014, S. 305)
[7] vgl. (o.V. Oracle, 2014, S. 309)

Eine Übersicht über die Rechte, die innerhalb von MySQL vergeben oder entzogen/widerrufen werden können:

Tabellenname	user	db
Spalten für Gültigkeitsbereiche	Host	Host
	User	Db
	Password	User
Berechtigungsspalten	Select_priv	Select_priv
	Insert_priv	Insert_priv
	Update_priv	Update_priv
	Delete_priv	Delete_priv
	Index_priv	Index_priv
	Alter_priv	Alter_priv
	Create_priv	Create_priv
	Drop_priv	Drop_priv
	Grant_priv	Grant_priv
	Create_view_priv	Create_view_priv
	Show_view_priv	Show_view_priv
	Create_routine_priv	Create_routine_priv
	Alter_routine_priv	Alter_routine_priv
	Execute_priv	Execute_priv
	Trigger_priv	Trigger_priv
	Event_priv	Event_priv
	Create_tmp_table_priv	Create_tmp_table_priv
	Lock_tables_priv	Lock_tables_priv
	References_priv	References_priv
	Reload_priv	
	Shutdown_priv	
	Process_priv	
	File_priv	
	Show_db_priv	
	Super_priv	
	Repl_slave_priv	
	Repl_client_priv	
Sicherheitsspalten	ssl_type	
	ssl_cipher	
	x509_issuer	
	x509_subject	
Spalten zur Ressourcensteuerung	max_questions	
	max_updates	
	max_connections	

	max_user_connections	

Tabelle 1:Rechteattribute in den Tabellen USER und DB[8]

Werte der Rechte können nur „Y" bzw. „N" sein, Standard ist „N". Feld „User" und „Db" unterscheiden Groß-/Kleinschreibung, das Feld „Host" nicht.

Das ausgeführte Clientprogramm, welches eine Verbindung zum MySQL Server herstellt, startet die zwei Stufen Zugriffssteuerung:

- Stufe 1, der MySQL Server prüft die Verbindungsherstellung

- Stufe 2, wenn eine Verbindung hergestellt werden konnte, überprüft der Server jede Anweisung, damit festgestellt wird, ob ausreichende Berechtigungen für die Durchführung vorliegen.[9]

Mit GRANT und REVOKE können die folgenden Anweisungen innerhalb der Rechteverwaltung genutzt werden:

Berechtigung	Beschreibung
ALL [PRIVILEGES]	Alle Rechte außer GRANT OPTION
USAGE	Keine Rechte, nur Anmeldung
SELECT	Auswahlabfragen mit SELECT
INSERT	Einfügen von Daten mit INSERT
UPDATE	Änderung von Daten mit UPDATE
DELETE	Löschen von Daten mit DELETE
CREATE	Tabellenerstellung mit CREATE TABLE
DROP	Löschen von Tabellen mit DROP TABLE
ALTER	Tabellenänderung mit ALTER TABLE
INDEX	Indexverwaltung mit CREATE INDEX und DROP INDEX
CREATE VIEW	Erstellung von Views mit CREATE VIEW
FILE	Import/Export mit SELECT...INTO OUTFILE und LOAD DATA IN-FILE
SHOW DATABASES	Anzeigen der Datenbankliste mit SHOW DATABASES
SHOW VIEW	Anzeigen eines Views mit SHOW CREATE VIEW
CREATE ROUTINE	Erstellung von Stored Procedures/Functions
ALTER ROUTINE	Änderung von Stored Procedures/Functions
EXECUTE	Ausführen von Stored Procedures/Functions
CREATE USER	Benutzerverwaltung mit CREATE|DROP USER
SHUTDOWN	Server beenden mit mysqladmin shutdown
REPLICATION CLI-ENT	Ermitteln der Replikationseinstellungen
REPLICATION SLAVE	MySQL als Replikationsslave einrichten
SUPER	Serveradministration (z.B. CHANGE MASTER, KILL usw.)
GRANT OPTION	Rechteverwaltung mit GRANT/REVOKE

Tabelle 2: Anweisungen für Zugriffsrechte[10]

[8] vgl. (o.V. Oracle, 2014, S. 305-307)
[9] vgl. (o.V. Oracle, 2014, S. 304)
[10] (Sascha Kersken, 2007, S. 286)

3.3 Vergeben von Zugriffsrechten

Einzelne Zugriffrechte werden mit dem GRANT Befehl erteilt:

Syntax:

GRANT <recht>(spalte) ON <datenbank>.<tabelle> TO <user>@<host>;

Beispiel:

GRANT SELECT, UPDATE, INSERT, DELETE

ON schulung.*

TO "schulung"@"schulung.de" IDENTIFIED BY "pass";

Benutzer „schulung" wurde angelegt, der Zugriff auf Host „schulung.de" und das Kennwort „pass" hat. Dieser Benutzer hat keine Rechte in der Tabelle „user" und in der Tabelle „db" hat er die Rechte für SELECT, UPDATE, INSERT und DELETE. [11]

3.4 Anzeigen von Zugriffsrechten

Mit SHOW GRANT werden die bereits vergebenen Zugriffsrechte angezeigt:

Syntax:

SHOW GRANT FOR <user>@<host>;

Beispiel:

SHOW GRANT FOR 'schulung'@'localhost'; [12]

[11] vgl. (Noe, Marcel, 2012, S. 37)
[12] vgl (Noe, Marcel, 2012, S. 43)

3.5   Löschen von Zugriffsrechten

Mit dem REVOKE Befehl werden Zugriffsrechte gelöscht:

Syntax:

REVOKE <recht>(spalte) ON

<datenbank>.<tabelle> FROM <user>@<host>;

Beispiel:

REVOKE select(vorname) ON

schulung.teilnehmer FROM 'schulung'@'localhost';[13]

---

[13] vgl. (Noe, Marcel, 2012, S. 51)

4   Benutzerverwaltung

4.1   Benutzernamen und Kennwörter

Für ein My-SQL Konto benötigt man einen Benutzernamen und den oder die Clienthosts. Damit kann der Benutzer eine Verbindung zum Server herstellen. Jedes Konto hat auch ein Passwort.[14]

Benutzernamen in MySQL sind eigenständig und haben nichts mit den Benutzernamen des Betriebssystems zu tun. Die maximale Länge für den Benutzernamen beträgt 16 Zeichen. Passwörter in MySQL werden nach einem eigenen Algorithmus verschlüsselt und sind somit nicht in Klartext in der Tabelle lesbar.[15]

4.2   Anlegen von Benutzern

Folgende Möglichkeiten in MySQL, um Konten hinzuzufügen:

-   Erstellung von Konten
    o   CREATE USER oder GRANT
-   Modifizieren der Grant-Tabellen
    o   INSERT, UPDATE oder DELETE[16]

Beispiel für explizite Anlage eines neuen Benutzers:

INSERT INTO user (name, host, password)

VALUES ('username', 'localhost',

PASSWORD ('passwort'));[17]

FLUSH PRIVILEGES;

Der User ist zwar angelegt, hat aber keine Rechte.

---

[14] vgl. (o.V. Oracle, 2014, S. 331)
[15] vgl. (o.V. Oracle, 2014, S. 331)
[16] vgl. (o.V. Oracle, 2014, S. 332)
[17] vgl. (Noe, Marcel, 2012, S. 63)

Beispiel für implizierte Anlage eines neuen Benutzers:

```
GRANT <recht> TO @<host> IDENTIFIED BY '<passwort>';

FLUSH PRIVILEGES;
```

Der User ist zwar angelegt, hat aber keine Rechte.

Bei der implizierten Methode wird der User automatisch angelegt, wenn dieser noch nicht in der Tabelle user existiert. [18]

4.3 Anzeigen von Benutzern

Über die folgende Anweisung werden die Berechtigungen eines bestimmten Benutzers angezeigt:

```
USE mysql;

SELECT host, user FROM user; [19]
```

4.4 Löschen von Benutzern

Mit der folgenden Anweisung wird ein bestimmter Benutzer unwiderruflich gelöscht:

```
USE mysql;

DELETE FROM user WHERE name = 'username'; [20]

FLUSH PRIVILEGES;
```

---

[18] vgl. (Noe, Marcel, 2012, S. 63)
[19] vgl. (Noe, Marcel, 2012, S. 67)
[20] vgl. (Noe, Marcel, 2012, S. 72)

5   Fazit

Relationale Datenbanken haben eine weite Verbreitung und werden in vielen verschiedenen professionellen Bereichen eingesetzt, zudem gibt es viele Schnittstellen zu anderen Systemen. Diese Vielseitigkeit macht MySQL zu einem der erfolgreichsten DBMS Systemen der Welt.

Rechte in der Tabelle USER sollten nur für Administratoren auf „Y" gesetzt werden, denn diese Rechte gelten global auf dem MySQL Server, für normale Benutzer/Anwender sollte die Tabelle DB benutzt werden. Für alle Benutzer sollte ein komplexes* Passwort gesetzt sein.

*= mind. 8 Zeichen, Groß- und Kleinbuchstaben, mind. 1 Sonderzeichen

Literaturverzeichnis

Internet-Quellen

Noe, Marcel. (2012).   Essential Operations. Abgerufen am 29. 12 2015 von Essential Operations: https://www.essential-operations.com/schulungen/mysql/05_zugriffsrechte.pdf (29.12.2015 18:15)

o.V. Oracle. (2014).   *MySQL Referenzhandbuch rev. 590.* Von http://downloads.mysql.com/docs/refman-5.1-de.a4.pdf (28.12.2015 14:20) abgerufen

Monografien

Sascha Kersken. (2007).   *Praktischer Einstieg in MySQL mit PHP* (2. Auflage Ausg.). O'Reilly Verlag GmbH & Co. KG.